Schöne Borbecker Ansichtskarten

edition rainruhr

Schönes Borbeck in 4 Jahreszeiten

Manfred J.P. Dudek

1. Auflage 2011

www.edition-rainruhr.de

Fotos: Manfred J.P. Dudek
Redaktion: Rainer Henselowsky

Satz und Lithografie: Glück auf RUHRPOTT GmbH
Druck: OAN, Leipzig

ISBN 978-3941676-12-1

Mein Borbeck

Ich lebe in diesem Stadtteil von Essen, und das seit meiner Geburt. Ich konnte nichts dazu, hier geboren zu werden, dafür sind meine Eltern verantwortlich. Ich alleine bin aber dafür verantwortlich immer noch in Borbeck zu leben. Warum? - Tja, warum eigentlich?

Vielleicht wegen der vielen Besonderheiten. Da wurde ein schönes altes Rathaus abgerissen, um ein kaum genutztes Parkhaus zu errichten. Einfach monströs dieser Betonklotz für Borbeck. Auch an anderen Stellen wurde im Sanierungswahn der 60er- und 70er-Jahre nicht mit Beton gespart. Was aber schon als Kuriosum bezeichnet werden kann, ist, dass wir eine Fußgängerzone haben, durch die eine Straßenbahn fährt. Wer hat das schon!

Es gab aber auch gelungene Veränderungen. Zumindest im Ansatz. Da wurde der alte Markt unter anderem mit dem Glockenspiel nett gestaltet, aber die Verantwortlichen müssen sturzbetrunken gewesen sein, als sie diesen hässlichen Kiosk genehmigten. Der passt zum alten Markt wie ein Sonnenstudio auf Ibiza.

Für Borbeck gilt das alte Sprichwort, viele Köche verderben den Brei. Stadtplanerisch wurde für Borbeck vieles angedacht, manches auch begonnen, aber fast nichts richtig beendet. So wirkt eben einiges überdimensioniert oder unvollkommen.

Aber irgendwie mag ich dieses Borbeck. Hier fühl ich mich wohl, und deshalb wohne ich wahrscheinlich immer noch hier. Es gibt ja auch eine Menge schöner Dinge. Allem voran das Prunkstück von Borbeck, das Schloss mit dem angrenzenden Park. Aber auch die eine oder andere Kirche ist ein echter Hingucker. Nicht so pompös wie der Kölner Dom, aber durchaus prachtvoll. Herrlich auch, dass man mit dem Fahrrad von Borbeck Mitte bis zum Rhein-Herne-Kanal fast nur durchs Grüne fährt. Gleiches gilt auch für viele andere Richtungen und Ziele.
Ich genieße den Wechsel der Jahreszeiten, mit all seinen Kapriolen und Schönheiten.

Was ist es aber noch, was Borbeck für mich ausmacht. Es ist nicht nur die eine oder andere gelungene und misslungene Architektur, es ist der Mensch, der hier lebt. Und wer das alles zusammen erleben und verstehen will, der gehe am Freitag zum Markt. Da findet das statt, was ich Borbeck nenne. Da ist die Straßenbahn, die sich dicht an den einkaufenden Menschen vorbei quetscht. Da steht man in einer langen Schlange und holt sich seine Erbsensuppe im Plastikteller. Da ist die Sprache: "Hömma, hasse wieder dicke Eier wie letzte Woche?" "Nee, die sind frisch!" Und überall kleine oder größere Gruppen von Leuten, die quatschen. Beim Bäcker mit Kaffeeausschank, an der Fischbude oder an der Ecke.

Und wenn ich dann im Sommer so in meinem Lieblingsbiergarten sitze und die Leute beobachte, dann denke ich so still bei mir: "Jau ey, dat is mein Borbeck. Hier bin und hier bleib ich. So isset!"

Herzlichst Ihr
Manfred J.P. Dudek

Frühling

Er ist sicherlich einer der gefürchtetsten Monate im Jahr: Der April! Er blufft, blendet und täuscht, siehe auch Aprilscherz. Es heißt nicht umsonst: April, April, er macht was er will! Jetzt können wir sicher sein: Der Frühling naht mit all seinen Wendungen. Meist kommt er auf leisen Schwingen. Es wird wärmer und man kann die Jacke schon mal ablegen oder die Ärmel aufkrempeln. Ich strecke den Kopf in die Sonne und genieße jeden Sonnenstrahl und vor manchem Straßencafé stehen bereits Tische und Stühle. Die Tage bleiben endlich länger hell und die Natur erwacht aus ihrem Winterschlaf. Die Jahreszeiten kämpfen nicht mehr miteinander und der gefühlte Frühling lässt sich meist länger Zeit. Besonders mag ich das aufgeregte Gezwitscher der Vögel in den Morgenstunden, das mich manchmal aus dem Schlaf erwachen lässt.
Dann kommt endgültig die Zeit, wenn die wärmenden Sonnenstrahlen der kalten Jahreszeit keine Chancen mehr geben.

Frühling lässt sein blaues Band
wieder flattern durch die Lüfte;
süße, wohlbekannte Düfte
streifen ahnungsvoll das Land.
Veilchen träumen schon,
wollen balde kommen.
Horch, von fern ein leiser Harfenton!
Frühling, ja du bist's!
Dich hab ich vernommen!

Eduard Mörike (1804-1875)

Schönes Borbeck im Frühling

Wenn der April Spektakel macht, gibt's Heu und Korn in voller Pracht

Heinrich-Brauns-Straße. Im Hintergrund die Stern und Dampfbierbrauerei von 1896, kurz genannt: DAMPFE

Schlosspark Borbeck mit dem Festzelt des Borbecker Bürger- und Schützenvereins

Schützen und Helfer haben sich eine Pause redlich verdient

An der Bergheimer Straße

Frintroper Straße

Schönebecker Straße

Aktienstraße in der Morgendämmerung

Die Alte Cuesterey (1996 renoviert) am Weidkamp 10, die Heimat des Kultur-Historischen Vereins e.V.

Alte Bottroper Straße mit Gewerbepark Brauk

Haus-Horl-Straße in Dellwig

Vorgarten-Impression in Dellwig

Am Bahnhof Dellwig

Rückseite Bahnhof Borbeck, am Ausgang zur Fürstäbtissinstraße

Eisenbahnbrücke an der Marktstraße

Sommer

Endlich ist es Sommer! Für viele Menschen die schönste Jahreszeit, nicht nur wegen der Wärme – von kalten und verregneten Sommern einmal abgesehen – sondern auch wegen der Ferien, gleich Urlaubszeit. Alle wollen ans Meer oder in die Berge. Jeder will den Alltag hinter sich lassen. Sommerstimmung für die Seele. Mancher schwingt sich auf's Fahrrad und die wunderbaren Bahntrassenwege in und um Essen werden „abgeradelt". Abends wird der Grill angeworfen und die Männer entwickeln sich plötzlich zu „Superköchen". Die, die zuhause bleiben, treibt es auch in die Cafés und spätnachmittags in die zahlreichen Biergärten. Hier lässt man es sich gut gehen bei leckeren Spezialitäten in fester und in flüssiger Form. Zum Glück wohne ich in der Nähe eines sehr schönen Biergartens und bleibe bis zum letzten Licht, bis dieser wunderbare Sommertag sich verabschiedet.

An einem Sommermorgen
da nimm den Wanderstab,
es fallen deine Sorgen
wie Nebel von dir ab.

Des Himmels heitere Bläue
lacht dir ins Herz hinein,
und schließt, wie Gottes Treue,
mit seinem Dach dich ein.

Rings Blüten nur und Triebe
und Halme von Segen schwer,
Dir ist, als zöge die Liebe
des Weges nebenher.

Theodor Fontane (1819-1898)

Schönes Borbeck im Sommer

Regen am Siebenschläfertag (27. Juni), es sieben Wochen regnen mag

Bushaltestelle am Bahnhof Borbeck

Bahnhof Borbeck mit Blick auf den Busbahnhof

Im Sommer schmeckt das Bier in der DAMPFE besonders gut

Wochenmarkt in Borbeck an der Marktstraße

An der Abzweigung Stolbergstraße / Theodor-Hartz-Straße. Im Hintergrund die evangelische Dreifaltigkeitskirche (1959)

Das Georg-Melches-Stadion von Rot-Weiss Essen, vor dem Abbruch. Das neue Stadion wird 2012 eröffnet

Die marode Rückseite von der Sitzhaupttribüne. Das Schild „Ballspielen verboten“ entdeckte der Fotograf

Germaniastraße. Auf der linken Seite befand sich die Bergeborbecker Zinkhütte, die 1968 stillgelegt wurde

Fürstäbtissinstraße / Flurstraße

Beckermanns-Hof (1749), Gerschede, beherbergte früher eine Gaststätte

Frintroper Markt

Im Hintergrund der Turm von St. Antonius Abbas (1927) in Schönebeck, gesehen von den Winkhauser Höhen

Fliegenbusch

Fliegenbusch

Schafe am Düppenberg in Gerschede

Die drei Elektrolysehallen der Trimet Aluminiumhütte in Bergeborbeck

Romantische Baumallee am Klaumerbruch in Dellwig

Am Klaumerbruch in der Nähe des Rhein-Herne-Kanals

Veranstaltung auf der Schönebecker Festwiese

Feldweg am Donnerberg / Erlenhagen; im Hintergrund St.Josef in Frintrop

Sommerzeit-Erdbeerzeit. Der „Frintroper Wasserturm“ (1897) - eigentlich in Bedingrade stehend- scheint über die „fleißigen Erdbeerpflücker“ zu wachen

„Pläuschken“ an der Heißener Straße unterhalb der katholischen Eichendorffschule in Schönebeck

„Schlafwandler“ an der Heißener Straße

Am Rhein-Herne-Kanal (1914) in Dellwig

Rhein-Herne-Kanal (1914) an der Einbleckstraße

Am Stadthafen mit Blick auf die Brücke der A 42

Freibad „Hesse“ (1928) mit dem alten Sprungturm am Rhein-Herne-Kanal (1914) in Dellwig

St.Michael (1911) in Dellwig

Für Stimmung in der Dubois-Arena (1948) sorgt das Schönebecker Jugend-Blasorchester (1959)

Bude an der Fürstäbtissinstraße

Herbst

Sommer? War gestern. Kommt auch sobald nicht wieder. Die Jahreszeit der Farben und des Lichts ist nun angebrochen. Der Herbst zeigt sich in der ganzen Vielfalt der Natur. Regen, Sturm, Nebel und auch sonnige, warme Tage lassen mich immer wieder über diese Jahreszeit staunen. Ich liebe die letzten warmen Spätsommertage, als wenn sich die Natur nochmals aufbäumen will, bevor die Kraft nachlässt. Dann plötzlich die erste kalte Nacht, Frühnebel, der sich nicht aufzulösen scheint.

Ich atme die kühle Luft tief ein, die so besonders duftet in den Wäldern. Immer wieder fasziniert mich das geheimnisvolle Herbstlicht und das Rauschen der Laubblätter in den Kronen, wenn der Wind sein Spiel treibt und die Blätter auf die Erde sinken. Die Kinder freuen sich über die zahlreichen Kastanien, mit denen nun spielerisch gebastelt wird. Ist der Herbst vielleicht die schönste Jahreszeit? Bald kommt die Dunkelheit und das Licht versteckt sich im Dezember fast 17 Stunden hinter dem Horizont. Die Tage werden erst nach dem Winteranfang länger und ich freue mich auf den Frühling.

Schon mischt sich Rot in der Blätter Grün,
Reseden und Astern sind im Verblühn,
Die Trauben geschnitten, der Hafer gemäht,
Der Herbst ist da, das Jahr wird spät.

Und doch (ob Herbst auch) die Sonne glüht,
Weg drum mit der Schwermut aus deinem Gemüt!
Banne die Sorge, genieße, was frommt,
Eh' Stille, Schnee und Winter kommt.

Theodor Fontane (1819-1898)

Schönes Borbeck im Herbst

Fällt im Oktober das Laub schnell, ist der Winter gleich zur Stell

Borbecker Platz mit St. Dionysius (1863/1951)

Germaniaplatz

Im Hintergrund die Türme von St. Maria Rosenkranz (1888/1945) an der Haus-Berge-Straße / Germaniastraße

Die Flurstraße in der Nähe des Borbecker Schlosses

Auf einer Anhöhe der Residenzaue mit Blick auf den Teich lässt sich der Tag genießen

Schlossparkteich

Herbstliche Pilzpracht

Sonnenstrahlen am Mittag

Der Teich an der Residenzaue...

…aus einem anderen Blickwinkel

Eingang zum Dellwiger Friedhof an der Haus-Horl Straße

Sonnenimpressionen mit Blick zum Kuhlmannsfeld

Küppers Garten

Marktbrunnen mit den Bronze-Figuren „Borbecker Halblang" des Bildhauers Franz-Josef Kampmann

Marktstraße

Bahnhof Borbeck (1912), der unter Denkmalschutz steht und Dank der Initiative von Jürgen Becker in neuem Glanz sein 100-jähriges Jubiläum feiert

Am Germaniaplatz, mit dem Germania-Denkmal (1880) des Bildhauers Leo Müsch (1846-1911) aus Düsseldorf

Dionysiuskirchplatz mit ehemaligem Geschäftshaus (Uhren und Schmuck) der Familie Fürtges, jetzt mit Pfarrbücherei

Skaterplatz am Schlosspark

Sonnenuntergang am Donnerberg / Erlenhagen

Winter

Klirrende Kälte, saubere Luft .Wer die großen Wintertage noch nicht erlebt hat, der kennt auch nicht Borbecks wohl zauberhafteste Stimmungen im Schlosspark: Die Herbststürme haben sich gelegt und ein stabiles Hoch aus dem Norden schleust kalte Luftmassen nach Westen. Dichte Wolken bringen den ersten Schnee des Winters und ich tauche wie in Watte ein. Zuerst legt sich der Schnee wie Puderwatte auf die Landschaft. Mindestens zehn Zentimeter sind liegengeblieben. Alles wirkt weich, ja sanft und der Schnee drückt sich dumpf unter den Schuhen zusammen. Bei einem Spaziergang im Park in die abendliche Dämmerung hinein zeigt sich hier wohl der allerbeste Reiz des Winters. Wann vernimmt man eine derart greifbare Stille in einer Großstadt?
Eine Landschaft wie von Künstlerhand verzaubert. Dann schießen mir folgende Gedanken durch den Kopf: Vielleicht friert der Teich zu und man kann mit der Familie, mit Freunden oder auch allein Schlittschuhlaufen. Nichts ist herrlicher als ein flotter Spaziergang durch diese Landschaft, eingemummelt in dicke Jacken. Rote Bäckchen bekommen und Atemwölkchen pusten. Und danach eine große Tasse warmer Schokolade oder einen heißen, dampfenden Glühwein mit herrlich würzigem Geruch von Nelken!

Vor Kälte ist die Luft erstarrt,
es kracht der Schnee von meinen Tritten,
es dampft mein Hauch, es klirrt mein Bart;
Nur fort, nur immer fortgeschritten!

Wie feierlich die Gegend schweigt!
Der Mond bescheint die alten Fichten,
die sehnsuchtsvoll zum Tod geneigt,
den Zweig zurück zur Erde richten.

Frost! friere mir ins Herz hinein,
tief in das heißbewegte, wilde!
Dass einmal Ruh mag drinnen sein,
wie hier im nächtlichen Gefilde!

Nikolaus Lenau (1802-1850)

Schönes Borbeck im Winter

Besser die Kälte knistert, als wenn der Winter flüstert

Teich im Park

Der Teich an der Residenzaue...

…aus einem anderen Blickwinkel

Auf dem Eichholz / Bedingrader Straße

Im Hintergrund Wasserschloss Borbeck, das seit 1983 als Kultur-und Begegnungsstätte für die Essener Bürgerschaft dient

Blick durch das schmiedeeiserne Schlosstor

Winterspaß pur

Januartag am Schloss

Verzauberter Schlosspark

Verschneite Festwiese an der Schönebecker Straße; im Hintergrund der Turm von St. Antonius Abbas (1927)

Bedingrader Straße / Lohstraße mit Blick auf den Heukeshof

Das alte Gebäude der ehemaligen Vossgätters Wassermühle wird als Quartier der NABU/NAJU Essen/Mülheim genutzt

Auf dem Eichholz /Lohstraße mit Frintroper Wasserturm (1897)

Borbecker Platz

Schloss Borbeck mit dem dazugehörigen Wirtschaftsgebäude

Das „Historische Gasthaus“ im alten Fachwerkhaus am Dionysiuskirchplatz

Marktstraße

Borbecker Platz mit St. Dionysius (1863/1951) in der Vorweihnachtszeit

Dionysiuskirchplatz mit Mariengrotte (1915),
errichtet vom Borbecker Knappenverein

Ein neues Jahr! Tritt froh herein,
mit aller Welt in Frieden;
vergiss, wie viel der Plag‘ und Pein
das alte Jahr beschieden!
Du lebst: Sei dankbar, froh und klug,
und wenn drei bösen Tagen
ein guter folgt, sei stark genug,
sie alle vier zu tragen.

Friedrich Wilhelm Weber (1813-1894)

Manfred J.P. Dudek kam 1952 im Borbecker Philippusstift zur Welt. Die ersten Gehversuche im Reich der Fotografie machte er mit der alten Rollfilmkamera seines Vaters. Er erstand mit 14 Jahren seine erste eigene Kleinbildkamera von Revue und fotografierte aus Kostengründen, ausschließlich in s/w. Es folgte die Schmalfilmerei und später seine erste Minolta Spiegelreflexkamera mit verschiedenen Objektiven. Sein erstes Geld mit der Fotografie verdiente er mit der Ablichtung von Hochzeiten.

Mit 25 Jahren machte er sein Abitur über den zweiten Bildungsweg und studierte in Essen Diplom Sozialarbeit. Gleichzeitig entdeckte er seine Leidenschaft zur Bühne und leitete Theater-, Kabarett- und Comedy Projekte für Jugendliche und junge Erwachsene, für die er Theaterstücke schrieb. 1993 war er Gründer, Autor und Mitglied der legendären Gruppe "Kabarettich". Schon nach kurzer Zeit hatten sie einen Vertrag mit der Managerin von Harald Schmidt. Sie tourten durch die Republik und hatten bis zu 100 Auftritte im Jahr.

1997 startete Manfred J.P. Dudek seine Solokariere als Kabarettist mit Auftritten von Saarbrücken bis Celle, sowie Radio- und Fernsehauftritte. Auch der WDR reiste nach Borbeck, um ein Portrait von Manfred J.P. Dudek aufzunehmen.

Aber die Liebe zur Fotografie schlief nie ein. Die Begegnung mit einem der besten deutschen Profi-Hochzeitsfotografen führte dazu, dass sich Manfred J.P. Dudek im Jahre 2010 eine digitale Spiegelreflexkamera zulegte.

Seither sind fast 1000 Fotos alleine in Borbeck entstanden.

Schöne Borbecker "Buden"